U0882497

江苏省地方标准

内河航道生态护岸工程质量检验标准

Standard for ecological revetment engineering construction quality inspection of inland waterway

DB 32/T 2976—2016

主编单位:江苏省交通运输厅工程质量监督局
江苏省交通规划设计院股份有限公司
批准部门:江苏省质量技术监督局
实施日期:2016 年 11 月 20 日

人民交通出版社股份有限公司

图书在版编目(CIP)数据

内河航道生态护岸工程质量检验标准：DB 32/T 2976—2016 / 江苏省交通运输厅工程质量监督局，江苏省交通规划设计院股份有限公司主编. — 北京：人民交通出版社股份有限公司，2017.11

ISBN 978-7-114-14262-8

Ⅰ. ①内… Ⅱ. ①江… ②江… Ⅲ. ①内河航道—航道整治—护岸—生态工程—工程质量—质量检验—地方标准—江苏 Ⅳ. ①U617.8-65

中国版本图书馆 CIP 数据核字(2017)第 252955 号

书　　名：内河航道生态护岸工程质量检验标准(DB 32/T 2976—2016)
著 作 者：江苏省交通运输厅工程质量监督局
江苏省交通规划设计院股份有限公司
责任编辑：黎小东
出版发行：人民交通出版社股份有限公司
地　　址：(100011)北京市朝阳区安定门外外馆斜街 3 号
网　　址：http://www.ccpress.com.cn
销售电话：(010)59757973
总 经 销：人民交通出版社股份有限公司发行部
经　　销：各地新华书店
印　　刷：北京市密东印刷有限公司
开　　本：880×1230　1/16
印　　张：1.5
字　　数：36 千
版　　次：2017 年 11 月　第 1 版
印　　次：2017 年 11 月　第 1 次印刷
书　　号：ISBN 978-7-114-14262-8
定　　价：30.00 元
(有印刷、装订质量问题的图书，由本公司负责调换)

目 次

前　言

为适应航道建设绿色、低碳的发展趋势，规范生态护岸结构质量检验要求，有效控制生态护岸工程施工质量，制定本标准。

本标准按 GB/T 1.1—2009 给出的规则起草。

本标准由江苏省交通运输厅提出并归口。

本标准起草单位：江苏省交通运输厅工程质量监督局、江苏省交通规划设计院股份有限公司。

本标准主要起草人：汤渭清、王仙美、邓国权、翟剑峰、张晓辉、吉同元、仇定良、陆飞、徐亮、郑直、程华明。

本标准由江苏省交通运输厅工程质量监督局负责解释。

内河航道生态护岸工程质量检验标准

1 范围

本标准规定了内河航道生态护岸工程质量检验标准的术语和定义、基本规定、工程质量检验合格标准、工程质量检验等内容。

本标准适用于除长江航道以外的内河航道生态护岸工程新建项目,其他扩建和改建项目可以参照本标准执行。

2 规范性引用文件

下列文件对于本文件的应用是必不可少的。凡是注日期的引用文件,仅注日期的版本适用于本文件。凡是不注日期的引用文件,其最新版本(包括所有的修改单)适用于本文件。

GB/T 144　原木检验
GB 22280　防腐木材生产规范
GB 50206　木结构工程施工质量验收规范
CJ/T 24　城市绿化和园林绿地用植物材料　木本苗
CJJ 82　园林绿化工程施工及验收规范
JTS 202　水运工程混凝土施工规范
JTJ 239　水运工程土工合成材料应用技术规范
JTS 257　水运工程质量检验标准

3 术语和定义

下列术语和定义适用于本文件。

3.1

单项工程

建设项目的组成部分,在施工图设计阶段一般具有独立设计文件,建成后能够独立发挥生产能力和效益的工程。

3.2

单位工程

单项工程的组成部分,一般指具备独立施工条件,建成后能够发挥设计使用功能的工程。

3.3

分部工程

单位工程的组成部分,一般指构成工程结构的主要组成部位。

3.4

分项工程

分部工程的组成部分,一般指工程施工的主要工序或工种。

3.5

工程质量

反映工程施工过程或实体满足相关标准规定或合同约定要求的程度,包括其在安全、使用功能及其在耐久性能、环境保护等方面所有明显和隐含能力的特性总和。

3.6

质量验收

工程质量在施工单位自行质量检查的基础上,参与建设活动的有关单位共同对检验批、分项工程、分部工程和单位工程的质量进行抽样复验,根据相关标准以书面形式对工程质量达到合格与否做出确认的活动。

3.7

进场验收

对进入施工现场的材料、构配件、设备等按相关标准规定要求进行检验,对产品达到合格与否做出确认的活动。

3.8

检验批

按同一生产条件或按规定方式汇总起来供检验的由一定数量样本组成的检验体。

3.9

见证

监理单位或建设单位现场监督施工单位某过程完成情况的活动。

3.10

见证抽样检验

在监理单位或建设单位监督下,由施工单位有关人员按相关标准规定的要求现场抽样,并送至具备相应资质和能力等级的检测单位所进行的检测活动。

3.11

平行检验

监理单位利用一定的检查或检测手段,在施工单位自检的基础上,按照一定比例独立进行的检查或检测活动。

3.12

验证性检验

由质量监督机构或建设单位提出,由通过计量认证并具备相应资质和能力等级的检测单位对涉及结构安全或主要功能项目进行的复核性抽样检验。

3.13

主要检验项目

分项工程中对安全、卫生、环境保护和公众利益起决定性作用的检验项目。

3.14

一般检验项目

主要检验项目以外的检验项目。

3.15

观感质量

通过观察和必要量测反映的工程外在质量。

3.16

一般缺陷

对结构构件的受力、使用性能或耐久性无决定性影响的缺陷。

3.17

严重缺陷

对结构构件的受力、使用性能或耐久性有决定性影响的缺陷。

4 总则

4.1 为规范江苏省内河航道整治工程生态护岸质量检验技术要求,加强生态护岸工程质量管理,保证工程质量,制定本标准。

4.2 生态护岸建设工程的招标文件、合同文件和工程技术文件对工程质量的要求不得低于本标准的规定。

4.3 航道工程中生态护岸工程的质量检验除应符合本标准规定外,还应符合 JTS 257《水运工程质量检验标准》及国家现行有关标准的规定。

5 基本规定

5.1 质量控制

5.1.1 施工单位应对工程采用的主要材料、构配件等进行现场验收,并经监理工程师认可;对涉及结构安全和使用功能的,施工单位应按规定进行抽样检验,监理单位应按规定进行见证抽样检验或平行检验。

5.1.2 各工序施工应按施工技术标准的规定进行质量控制,每道工序完成后,应进行检查。

5.1.3 工序之间应进行交接检验,并形成记录。专业工序之间的交接应经监理工程师认可。未经检验或经检验不合格的不得进行下道工序施工。

5.2 检验验收

5.2.1 工程施工应符合工程合同和设计文件的要求。

5.2.2 工程质量的检验应在施工单位自行检验合格的基础上进行。

5.2.3 隐蔽工程在隐蔽前应由施工单位通知有关单位进行验收,并形成验收文件。

5.2.4 涉及结构安全的试块、试件和现场检验项目,施工单位应按规定进行检验,监理单位应按规定进行见证抽样检验或平行检验。

5.2.5 分项工程及检验批的质量应按主要检验项目和一般检验项目进行检验。

5.2.6 涉及结构安全和使用功能的重要分部工程,应按相应规定进行抽样检验或验证性检验。

5.2.7 承担见证抽样检验及有关结构安全检验的单位,应具有相应资质和能力等级。

5.2.8 工程的观感质量应由验收人员通过现场检查,并应共同确认。

6 工程质量检验合格标准

6.1 检验批质量合格应符合下列规定:

a) 主要检验项目的质量经检验应全部合格。

b) 一般检验项目的质量经检验应全部合格。其中允许偏差的抽查合格率应达到 80% 及以上,且不合格点的最大偏差值对于影响结构安全和使用功能的不得大于允许偏差值的 1.5 倍。

6.2 分项工程质量合格应符合下列规定:

a) 分项工程所含的检验批均应符合质量合格的规定。

b) 分项工程所含检验批的质量检验记录应完整。

c） 当分项工程不划分为检验批时，分项工程质量合格标准应符合第6.1条的规定。

6.3 当分项工程及检验批的质量不符合本标准质量合格标准要求时，应按下列规定进行处理：

a） 经返工重做或更换构配件、设备的应重新进行检验。

b） 经检测单位检测鉴定能够达到设计要求的，可认定为质量合格；经检测鉴定达不到设计要求，但经原设计单位核算认可能够满足结构安全和使用功能的，可认定为质量合格。

c） 经返修或加固处理的分项工程，虽然改变外形尺寸但仍能满足安全使用要求，可按技术处理方案和协商文件进行验收。

d） 通过返修或加固仍不能满足安全使用要求的分项工程，不得验收。

7 工程质量检验

7.1 一般规定

7.1.1 本标准中，生态袋加筋挡墙、钢丝网石笼挡墙、自嵌式挡墙、箱式绿化挡墙、干垒块石挡墙、连排木桩挡墙、仿木桩挡墙按JTS 257《水运工程质量检验标准》中表9.1.0.1-2划分，作为岸壁分部工程中的分项工程。

7.1.2 本标准中，金属丝网垫护面、三维钢丝网垫护面、预制块体护面、生态混凝土格梗式护面、植物护面、植物加抛石护面按JTS 257《水运工程质量检验标准》中表9.1.0.1-2划分，作为护坡分部工程中的分项工程。

7.1.3 与上述生态护岸工程相关的其他分项工程，由于JTS 257《水运工程质量检验标准》对其质量检验内容已有规定，工程中作为单独分项工程进行检验即可。

7.1.4 挡墙及护面工程中，各分项工程的检验批宜按结构段或施工段进行划分，长度不宜大于200m。

7.2 生态袋加筋挡墙

7.2.1 主要检验项目

7.2.1.1 生态袋的品种、规格和质量应满足设计要求，并应符合JTJ 239《水运工程土工合成材料应用技术规范》的有关规定。

检验数量：施工单位按同一厂家、同一材料、同一规格，每5 000m^2抽检1次，每批不足5 000m^2的抽检1次，监理单位见证取样。

检验方法：检查出厂质量证明文件及抽样检验报告。

7.2.1.2 工程联结扣、缝袋线的规格和质量应满足设计要求。

检验数量：施工单位、监理单位全部检查。

检验方法：检查出厂质量证明文件和检验报告并观察检查。

7.2.1.3 充填料的土质、掺肥比例、配合比等技术指标应满足设计要求。

检验数量：施工单位、监理单位全部检查。

检验方法：检查出厂质量证明文件、施工记录并观察检查。

7.2.1.4 加筋材料的品种、规格和技术性能应满足设计要求，并应符合JTJ 239《水运工程土工合成材料应用技术规范》的有关规定。

检验数量：施工单位按进场批次抽样检验，监理单位见证取样。

检验方法：检查出厂质量证明文件及抽样检验报告。

7.2.1.5 回填料的种类和密实度应满足设计要求。

检验数量：施工单位按每1 000m^3进行1组抽样检查；监理单位见证取样并按规定抽样平行检验，且不少于1次。

检验方法:检查检验报告并观察检查。

7.2.1.6 加筋材料布设的间距、数量和长度应满足设计要求,加筋材料应理顺、拉直,与联结扣应牢固联结。

检验数量:施工单位、监理单位全部检查。

检验方法:检查施工记录并观察检查。

7.2.2 一般检验项目

7.2.2.1 生态袋挡墙的断面尺寸应满足设计要求。

检验数量:施工单位、监理单位全数检查,每20延米检查一处,不足20延米检查一处。

检验方法:检查施工记录并观察检查,必要时抽查检查。

7.2.2.2 生态袋挡墙基底开挖、压实及整平应符合设计要求。

检验数量:施工单位、监理单位全部检查。

检验方法:检查断面测量资料并观察检查。

7.2.2.3 袋口的缝制应符合设计要求。

检验数量:施工单位、监理单位全部检验。

检验方法:观察检查。

7.2.2.4 生态袋内充填料重量应通过试验确定,并符合设计要求。

检验数量:施工单位、监理单位按检验批抽样检验。

检验方法:观察检查并抽样检查。

7.2.2.5 生态袋应分层砌筑,砌筑方式应满足设计要求。层与层之间和生态袋之间联结扣应交错嵌紧,不得形成垂直的通缝和贯通空隙。

检验数量:施工单位、监理单位全部检查。

检验方法:检查施工记录并观察检查。

7.2.2.6 工程联结扣数量、安放位置、联结方式应满足设计要求,并应互锁。

检验数量:施工单位按5%比例抽样检验,监理单位见证取样。

检验方法:观察检查并抽查检查。

7.2.2.7 排水孔的设置应满足设计要求,并保持畅通。

检验数量:施工单位、监理单位全部检查。

检验方法:检查施工记录并观察检查。

7.2.2.8 生态袋挡墙的允许偏差、检验数量和方法应符合表1的规定。

表1 生态袋挡墙允许偏差、检验数量和方法

序号	项目	允许偏差		检验数量	单元测点	检验方法
1	前沿线位置(mm)	40		每20m一处	1	用经纬仪等仪器测量
2	顶面高程(mm)	0,+50			1	用水准仪测量
3	墙面倾斜(mm)	0,+H/50			1	用坡度尺测量
4	加筋长度(mm)	0,+L/20		每层10m一处	1	用钢尺测量
5	封口袋码线距(mm)	码线间距	0,+5	每500m^{2}一处	1	用钢尺测量
		码线距袋边	0,+10			
6	填充物饱满度(%)	±5		每层50m一处	1	用称重试验检测

表 1(续)

序号	项　目	允 许 偏 差	检 验 数 量	单元测点	检 验 方 法
7	压实度	≥设计值	每层 50m 一处	1	用环刀试验检测
注 1:H 为墙高,L 为加筋材料设计长度,单位为 mm。 注 2:对于倾斜“ + ”为实际后倾大于设计倾斜值。					

7.3 钢丝网石笼挡墙

7.3.1 主要检验项目

7.3.1.1 钢丝网格的品种、规格和质量应满足设计要求。

检验数量:施工单位按同一厂家、同一材料、同一规格,每 10 000m^2 抽检 1 次,每批不足 10 000m^2 的抽检 1 次,监理单位见证取样。

检验方法:检查出厂质量证明文件和检验报告并观察检查。

7.3.1.2 填充料规格和质量应满足设计要求。

检验数量:施工单位、监理单位全部检查。

检验方法:检查施工记录和检验报告并观察检查。

7.3.1.3 网面钢丝在绞合到边端钢丝上时封口锁边应牢固,钢丝网有覆塑时,应覆塑完好。

检验数量:施工单位、监理单位全部检查。

检验方法:检查施工记录并观察检查。

7.3.1.4 钢丝网格的组装和箱体间联结方式应满足设计要求。

检验数量:施工单位、监理单位全部检查。

检验方法:检查施工记录并观察检查。

7.3.2 一般检验项目

7.3.2.1 挡墙断面尺寸应满足设计要求。

检验数量:施工单位、监理单位全数检查,每 20 延米检查一处,不足 20 延米检查一处。

检验方法:检查施工记录并观察检查,必要时抽查检查。

7.3.2.2 石料充填饱满度应满足设计要求。

检验数量:施工单位、监理单位全部检查。

检验方法:检查施工记录并观察检查。

7.3.2.3 充填料应分层装填,侧面无明显鼓胀、凹陷,箱体不得松动。

检验数量:施工单位、监理单位全部检查。

检验方法:检查施工记录并观察检查。

7.3.2.4 石笼墙面应平整,棱角线应平直。

检验数量:施工单位、监理单位全部检查。

检验方法:检查施工记录并观察检查。

7.3.2.5 钢丝网石笼垒砌前,应对砌筑面平整度进行检查,铺填范围应满足设计要求。

检验数量:施工单位、监理单位全部检查。

检验方法:检查断面测量记录并观察检查。

7.3.2.6 石笼面层播草及撒土应满足设计要求。

检验数量:施工单位、监理单位全部检查。

检验方法:检查施工记录并观察检查。

7.3.2.7 钢丝网箱的允许偏差、检验数量和方法应符合表2的规定。

表2 钢丝网石笼挡墙允许偏差、检验数量和方法

<table>
<tr><th>序号</th><th>项　目</th><th>允许偏差(mm)</th><th>检 验 数 量</th><th>单 元 测 点</th><th>检 验 方 法</th></tr>
<tr><td>1</td><td>前沿线位置</td><td>50</td><td rowspan="6">每 20m 一处</td><td>1</td><td>用全站仪或经纬仪测量</td></tr>
<tr><td>2</td><td>顶面高程</td><td>±50</td><td>1</td><td>用水准仪测量</td></tr>
<tr><td>3</td><td>墙面平整度</td><td>50</td><td>1</td><td>用 2m 靠尺和塞尺测量</td></tr>
<tr><td rowspan="2">4</td><td rowspan="2">墙面倾斜</td><td rowspan="2">0，+H/50</td><td>1</td><td rowspan="2">吊线,用钢尺测量</td></tr>
<tr><td>1</td></tr>
<tr><td>5</td><td>网箱各边尺寸</td><td>0，+B/20</td><td>2</td><td>用钢尺测量</td></tr>
<tr><td colspan="6">注 1:H 为墙高,B 为单元格对应边长,单位为 mm。
注 2:对于倾斜“+”为实际后倾大于设计倾斜值。</td></tr>
</table>

7.4 自嵌式挡墙

7.4.1 主要检验项目

7.4.1.1 自嵌块的品种、规格和质量应符合 JTS 257《水运工程质量检验标准》第 2.1.6 节的有关规定。

7.4.1.2 拉筋的品种、规格和技术性能应满足设计要求,并应符合 JTJ 239《水运工程土工合成材料应用技术规范》的有关规定。

检验数量:施工单位按进场批次抽样检验。监理单位见证取样并按规定抽样平行检验,且不少于1次。

检验方法:检查材料出厂质量证明文件和检验报告并观察检查。

7.4.1.3 锚固棒品种、规格和质量应满足设计要求。

检验数量:施工单位按进场批次抽样检验。监理单位见证取样并平行检验。

检验方法:检查材料出厂质量证明文件和检验报告并观察检查。

7.4.1.4 回填料的种类和密实度应满足设计要求。

检验数量:施工单位按每 1 000m^3进行 1 组抽样检查;监理单位见证取样并按规定抽样平行检验,且不少于 1 次。

检验方法:检查检验报告并观察检查。

7.4.1.5 拉筋带分层布设的间距、数量和长度应满足设计要求。拉筋带应理顺、拉直;拉筋带与墙体、拉筋带间应牢固连接。

检验数量:施工单位、监理单位全部检查。

检验方法:检查施工记录并观察检查。

7.4.2 一般检验项目

7.4.2.1 挡墙断面尺寸应满足设计要求。

检验数量:施工单位、监理单位全数检查,每 20 延米检查一处,不足 20 延米检查一处。

检验方法:检查施工记录并观察检查,必要时抽查检查。

7.4.2.2 预制块体应分层砌筑,砌筑与锚固方式、锚固数量应满足设计要求。上下层的竖缝要错开,不得出现垂直通缝。

检验数量:施工单位、监理单位全部检查。

检验方法:检查施工记录并观察检查。

7.4.2.3 自嵌式挡墙允许偏差、检验数量和方法应符合表3的规定。

表3 自嵌式挡墙允许偏差、检验数量和方法

序号	项　目	允许偏差(mm)	检验数量	单元测点	检验方法
1	前沿线位置	30	每20m一处	1	用经纬仪或全站仪等测量
2	顶面高程	±20		1	用水准仪测量
3	墙顶平整度	6		2	用2m靠尺和塞尺测量
4	相邻砌块错牙	15		1	用钢尺测量
5	墙面倾斜	0, +H/50		1	吊线测量或用测斜仪测量
6	加筋长度	0, +L/20	每层10m一处	1	用钢尺测量
注1:H为墙高,L为加筋材料设计长度,单位为mm。 注2:对于倾斜"+"为实际后倾大于设计倾斜值。					

7.5 箱式绿化挡墙

7.5.1 主要检验项目

7.5.1.1 箱式绿化块的品种、规格和质量应符合JTS 257《水运工程质量检验标准》第2.1.6节的有关规定。

7.5.1.2 拉筋的品种、规格和技术性能应满足设计要求,并应符合JTJ 239《水运工程土工合成材料应用技术规范》的有关规定。

检验数量:施工单位按进场批次抽样检验。监理单位见证取样并按规定抽样平行检验,且不少于1次。

检验方法:检查材料出厂质量证明文件和检验报告并观察检查。

7.5.1.3 回填料的种类和密实度应满足设计要求。

检验数量:施工单位按每1 000m^3进行1组抽样检查;监理单位见证取样并按规定抽样平行检验,且不少于1次。

检验方法:检查检验报告并观察检查。

7.5.1.4 空心块体内充填料规格和质量应满足设计要求。

检验数量:施工单位、监理单位全部检查。

检验方法:检查施工记录和检验报告并观察检查。

7.5.1.5 拉筋带分层布设的间距、数量和长度应满足设计要求。拉筋带应理顺、拉直;拉筋带与墙体、拉筋带间应牢固连接。

检验数量:施工单位、监理单位全部检查。

检验方法:检查施工记录并观察检查。

7.5.2 一般检验项目

7.5.2.1 挡墙断面尺寸应满足设计要求。

检验数量:施工单位、监理单位全部检查,每20延米检查一处,不足20延米检查一处。

检验方法:检查施工记录并观察检查,必要时抽查检查。

7.5.2.2 预制块体应分层砌筑，砌筑方式应满足设计要求。上下层的竖缝要错开，不得出现垂直通缝。

检验数量：施工单位、监理单位全部检查。

检验方法：检查施工记录并观察检查。

7.5.2.3 箱式绿化挡墙的允许偏差、检验数量和方法应符合表4的规定。

表4 箱式绿化挡墙允许偏差、检验数量和方法

序号	项 目	允许偏差(mm)	检 验 数 量	单 元 测 点	检 验 方 法
1	前沿线位置	30	每 20m 一处	1	用经纬仪或全站仪等测量
2	顶面高程	±20		1	用水准仪测量
3	墙顶平整度	6		2	用 2m 靠尺和塞尺测量
4	墙面倾斜	0，+*H*/50		1	吊线测量或用测斜仪测量
5	加筋长度	0，+*L*/20	每层 10m 一处	1	用钢尺测量

注 1：*H* 为墙高，*L* 为加筋材料设计长度，单位为 mm。
注 2：对于倾斜"+"为实际后倾大于设计倾斜值。

7.6 干垒块石挡墙

7.6.1 主要检验项目

7.6.1.1 块石的品种、规格和质量应满足设计要求。

检验数量：施工单位按进场批次抽样检验，监理单位见证取样。

检验方法：检查检验报告，并观察检查。

7.6.1.2 回填料的种类和密实度应满足设计要求。

检验数量：施工单位按每 1 000m^3进行 1 组抽样检查；监理单位见证取样并按规定抽样平行检验，且不少于1次。

检验方法：检查检验报告并观察检查。

7.6.2 一般检验项目

7.6.2.1 挡墙断面尺寸应满足设计要求。

检验数量：施工单位、监理单位全部检查，每20延米检查一处，不足20延米检查一处。

检验方法：检查施工记录并观察检查，必要时抽查检查。

7.6.2.2 干垒块石挡墙的组砌形式应满足设计要求，且必须错缝摆放。

检验数量：施工单位、监理单位全部检查。

检验方法：观察检查，必要时拆开检查。

7.6.2.3 挡墙脚石应垫平垫实，不得有摇动感，各块石之间要咬合紧密，形成整体。

检验数量：施工单位、监理单位全部检查。

检验方法：观察检查，必要时拆开检查。

7.6.2.4 干垒块石挡墙墙身砌缝的最大宽度不宜大于 50mm，三角缝最大宽度不宜大于 150mm，通缝长度不宜大于 1 000mm。

检验数量：施工单位、监理单位全部检查。

检验方法：观察尺量。

7.6.2.5 干垒块石挡墙的允许偏差、检验数量和方法应符合表5的规定。

表5　干垒块石挡墙允许偏差、检验数量和方法

序号	项　　目	允许偏差(mm)	检 验 数 量	单 元 测 点	检 验 方 法
1	前沿线位置	100	每20m一处	1	用经纬仪或全站仪等测量
2	顶面高程	0，+50		1	用水准仪测量
3	墙面平整度	150		2	用2m靠尺和塞尺测量
4	墙顶平整度	50		1	用2m靠尺和塞尺测量
5	墙面倾斜	0，+H/50		1	用吊线测量或用钢尺测量
6	各边尺寸	-50，+100		1	用钢尺测量

注1：H为墙高，单位为mm。
注2：对于倾斜“+”为实际后倾大于设计倾斜值。

7.7　连排木桩挡墙

7.7.1　主要检验项目

7.7.1.1　木桩品种、规格和质量应满足设计要求，并应符合GB 50206《木结构工程施工质量验收规范》的有关规定，检验方法应参照GB/T 144《原木检验》执行。

检验数量：施工单位按进场批次抽样检验，监理单位见证取样。

检验方法：检查抽样检测报告，观察检查并抽样检查。

7.7.1.2　桩间连接材料、桩后挡土材料的品种、规格和技术性能应满足设计要求。

检验数量：施工单位按进场批次检验，监理单位见证取样。

检验方法：观察检查并抽样检查。

7.7.1.3　木桩防腐的范围和质量应满足设计要求，并应符合GB 22280《防腐木材生产规范》的有关规定。

检验数量：施工单位、监理单位全部检查。

检验方法：检查出厂质量证明文件、抽样检测报告并观察检查。

7.7.1.4　木桩的入土深度和间距应满足设计要求。

检验数量：施工单位、监理单位全部检查。

检验方法：观察检查，现场检测。

7.7.2　一般检验项目

7.7.2.1　木桩间应连接牢固，不得有松动。

检验数量：施工单位、监理单位全部检查。

检验方法：观察检查。

7.7.2.2　桩后挡土材料铺设的范围和质量应满足设计要求。

检验数量：施工单位、监理单位全部检查。

检验方法：观察检查并抽样检查。

7.7.2.3　后排活体插木桩材料修剪、插打工艺应符合设计要求。

检验数量：施工单位、监理单位全部检查。

检验方法：检查施工工艺，观察检查。

7.7.2.4 连排木桩挡墙的允许偏差、检验数量和方法应符合表6的规定。

表6 连排木桩挡墙允许偏差、检验数量和方法

<table>
<tr><th>序号</th><th>项　目</th><th colspan="2">允许偏差(mm)</th><th>检 验 数 量</th><th>单 元 测 点</th><th>检 验 方 法</th></tr>
<tr><td>1</td><td>中心线位置</td><td colspan="2">30</td><td rowspan="2">每20m一处</td><td>3</td><td>用经纬仪或全站仪测量</td></tr>
<tr><td>2</td><td>顶面高程</td><td colspan="2">0, +50</td><td>3</td><td>用水准仪测量</td></tr>
<tr><td>3</td><td>墙身倾斜</td><td colspan="2">± H/100</td><td rowspan="3">抽查10%且不少于10根</td><td>2</td><td>吊线测量或用测斜仪检查</td></tr>
<tr><td rowspan="2">4</td><td rowspan="2">桩间距</td><td>间排桩</td><td>±50</td><td>1</td><td rowspan="2">用钢尺测量</td></tr>
<tr><td>前后排桩</td><td>100</td><td>1</td></tr>
<tr><td colspan="7">注1:H为墙顶至泥面高度,单位为mm。
注2:对于倾斜度“-”为前倾,“+”为后倾。</td></tr>
</table>

7.8 仿木桩挡墙

7.8.1 主要检验项目

7.8.1.1 仿木桩的品种、规格和质量应满足设计要求。

检验数量:施工单位按进场批次抽样检验,监理单位见证取样。

检验方法:检查出厂质量证明文件及复验报告。

7.8.1.2 灌缝砂浆强度应符合设计要求,砂浆原材料、配合比、拌和物质量应满足设计要求和现行行业标准的有关规定。

检验数量:施工单位、监理单位按验收批全部检查。

检验方法:检查试验报告。

7.8.1.3 挡土土工布的品种、规格和技术性能应满足设计要求,并应符合JTJ 239《水运工程土工合成材料应用技术规范》的有关规定。

检验数量:施工单位按进场批次抽样检验。监理单位见证取样并按规定抽样平行检验,且不少于1次。

检验方法:检查材料出厂质量证明文件和检验报告并观察检查。

7.8.1.4 回填料的种类和密实度应满足设计要求。

检验数量:施工单位按每1 000m^3进行1组抽样检查;监理单位见证取样并按规定抽样平行检验,且不少于1次。

检验方法:检查检验报告并观察检查。

7.8.2 一般检验项目

7.8.2.1 仿木桩灌缝砂浆应饱满密实,安装牢固。

检验数量:施工单位、监理单位全部检查。

检验方法:观察检查。

7.8.2.2 桩与桩之间接触紧密程度宜符合设计要求。

检验数量:施工单位、监理单位全部检查。

检验方法:观察检查、抽样检查。

7.8.2.3 仿木桩后挡土土工布的铺设范围和质量应满足设计要求。

检验数量:施工单位、监理单位全部检查。

检验方法:观察检查并抽样检查。

7.8.2.4 仿木桩挡墙的允许偏差、检验数量和方法应符合表7的规定。

表7 仿木桩挡墙允许偏差、检验数量和方法

<table>
<tr><th>序号</th><th>项 目</th><th>允许偏差(mm)</th><th>检验数量</th><th>单元测点</th><th>检验方法</th></tr>
<tr><td>1</td><td>前沿线位置</td><td>30</td><td rowspan="6">每20m一处</td><td>1</td><td>用经纬仪测量</td></tr>
<tr><td>2</td><td>顶面高程</td><td>±20</td><td>1</td><td>用水准仪测量两端和中部</td></tr>
<tr><td>3</td><td>顶面平整度</td><td>6</td><td>2</td><td>用2m靠尺和塞尺测量</td></tr>
<tr><td>4</td><td>桩间错牙</td><td>±10</td><td>1</td><td>用钢尺测量</td></tr>
<tr><td rowspan="2">5</td><td rowspan="2">桩身垂直度</td><td rowspan="2">$-H/20$, $+H/20$</td><td>1</td><td rowspan="2">吊线,用钢尺测量</td></tr>
<tr><td>1</td></tr>
<tr><td colspan="6">注1:H为墙高,单位为mm。
注2:对于垂直度“-”为前倾,“+”为后倾。</td></tr>
</table>

7.9 金属丝网垫护面

7.9.1 主要检验项目

7.9.1.1 钢丝网格所采用的材料种类、规格及质量应满足设计要求。

检验数量:施工单位每批次抽检一次,监理单位见证取样。

检验方法:检查出厂质量证明文件和检验报告并观察检查。

7.9.1.2 充填物料的品种规格和粒径级配应满足设计要求。

检验数量:施工单位、监理单位全部检查。

检验方法:检查施工记录并观察检查。

7.9.1.3 钢丝网格铺设的方式、范围和厚度应满足设计要求。

检验数量:施工单位、监理单位全部检查。

检验方法:检查施工记录并观察检查。

7.9.1.4 钢丝网格的封口锁边应牢固,钢丝网有覆塑时,应覆塑完好。

检验数量:施工单位、监理单位全部检查。

检验方法:检查施工记录并观察检查。

7.9.1.5 框线、网片连接处工艺应满足设计要求。

检验数量:施工单位、监理单位全部检查。

检验方法:检查施工记录并观察检查。

7.9.2 一般检验项目

7.9.2.1 钢丝网格铺设前应对土工织物垫层进行检查,其平整度应满足设计要求。

检验数量:施工单位、监理单位全部检查。

检验方法:检查施工记录并观察检查。

7.9.2.2 钢丝网格内的石料充填饱满度应满足设计要求,边角不得出现明显空隙。

检验数量:施工单位、监理单位全部检查。

检验方法:观察检查。

7.9.2.3 金属丝网垫铺设时不得出现褶皱和破损。

检验数量:施工单位、监理单位全部检查。

检验方法:观察检查。

7.9.2.4 锚固材料的制作及埋设位置应满足设计要求。

检验数量:施工单位、监理单位全部检查。

检验方法:检查施工记录并观察检查。

7.9.2.5 金属丝网垫护面的允许偏差、检验数量和方法应符合表8的规定。

表8 金属丝网垫护面允许偏差、检验数量和方法

<table>
<tr><th>序号</th><th colspan="2">项目</th><th>允许偏差</th><th>检验数量</th><th>单元测点</th><th>检验方法</th></tr>
<tr><td>1</td><td rowspan="4">金属丝网垫制作</td><td>网垫长(mm)</td><td>±40</td><td rowspan="6">逐件检查</td><td>2</td><td>用钢尺测量</td></tr>
<tr><td>2</td><td>网垫宽(mm)</td><td>±30</td><td>2</td><td>用钢尺测量</td></tr>
<tr><td>3</td><td>网垫厚(mm)</td><td>±10</td><td>2</td><td>用钢尺测量</td></tr>
<tr><td>4</td><td>钢丝网内隔板位置偏差(mm)</td><td>±30</td><td>2</td><td>用钢尺测量</td></tr>
<tr><td>5</td><td rowspan="2">金属丝网垫铺设</td><td>相邻钢丝网格最大缝宽(mm)</td><td>40</td><td>2</td><td>用钢尺测量</td></tr>
<tr><td>6</td><td>相邻网垫顶面高程(mm)</td><td>30</td><td>2</td><td>用水准仪测量</td></tr>
<tr><td>7</td><td colspan="2">护面坡顶高程(mm)</td><td>±50</td><td rowspan="4">每20m一处</td><td>1</td><td>用水准仪测量</td></tr>
<tr><td>8</td><td colspan="2">表面平整度(mm)</td><td>80</td><td>1</td><td>用2m靠尺和塞尺测量</td></tr>
<tr><td>9</td><td colspan="2">单元格错牙(mm)</td><td>30</td><td>1</td><td>用钢尺测量</td></tr>
<tr><td>10</td><td colspan="2">坡度(%)</td><td>±5</td><td>1</td><td>用经纬仪或全站仪测量</td></tr>
</table>

7.10 三维钢丝网垫护面

7.10.1 主要检验项目

7.10.1.1 三维钢丝网垫的品种、规格和质量应满足设计要求。

检验数量:施工单位按同一厂家、同一材料、同一规格,每10 000m^2抽检1次,每批不足10 000m^2的抽检1次,监理单位见证取样。

检验方法:检查出厂质量证明文件和检验报告并观察检查。

7.10.1.2 三维钢丝网垫铺设的范围、位置、锚固和搭接方法应满足设计要求。

检验数量:施工单位、监理单位全部检查。

检验方法:检查施工记录并观察检查。

7.10.1.3 端丝的处理应满足设计要求。

检验数量:施工单位、监理单位全部检查。

检验方法:检查施工记录并观察检查。

7.10.2 一般检验项目

7.10.2.1 钢丝网垫铺设前应对土工织物垫层进行检查,其平整度应满足设计要求。

检验数量:施工单位、监理单位全部检查。

检验方法:检查施工记录并观察检查。

7.10.2.2 锚固材料的品种、规格、质量及数量应满足设计要求,并应锚固牢固。

检验数量:施工单位、监理单位全部检查。

检验方法:检查出厂质量证明文件或检验报告并观察检查。

7.10.2.3 三维钢丝网垫铺设时,不得出现褶皱和破损。

检验数量:施工单位、监理单位全部检查。

检验方法:观察检查。

7.10.2.4 三维钢丝网垫的播草及撒土应满足设计要求。

检验数量:施工单位、监理单位全部检查。

检验方法:检查施工记录并观察检查。

7.10.2.5 三维钢丝网垫护面的允许偏差、检验数量和方法应符合表9规定。

表9 三维钢丝网垫护面允许偏差、检验数量和方法

序号	项目	允许偏差	检验数量	单元测点	检验方法
1	护垫坡顶高程(mm)	±50	每20m一处	1	用水准仪测量
2	表面平整度(mm)	50		1	用2m靠尺和塞尺测量
3	坡度(%)	-5,0		1	用经纬仪或全站仪测量
4	搭接长度(mm)	0,+100		2	用钢尺测量

7.11 预制块体护面

7.11.1 主要检验项目

7.11.1.1 预制块体的品种、规格和质量应满足设计要求,并应符合 JTS 257《水运工程质量检验标准》第2.1.6节的有关规定。

检验数量:施工单位按进场批次抽样检验,监理单位见证取样。

检验方法:检查出厂质量证明文件和检验报告并观察检查。

7.11.1.2 预制块体的联结方式、联结工艺应满足设计要求。

检验数量:施工单位、监理单位全部检查,并抽查0.1%做试件拉力检测。

检验方法:检查施工记录和测试报告并观察检查。

7.11.1.3 预制块体安装尺度应符合设计要求。

检验数量:施工单位、监理单位全部检查。

检验方法:观察检查。

7.11.1.4 预制块体的铺设范围应满足设计要求。

检验数量:施工单位、监理单位全部检查。

检验方法:检查施工记录并观察检查。

7.11.1.5 预制块体的铺设质量应满足设计要求。

检验数量:施工单位、监理单位全部检查。

检验方法:检查施工记录并观察检查。

7.11.2 一般检验项目

7.11.2.1 预制块体铺设前,应对土工织物垫层进行检查,不得出现褶皱和破损。

检验数量:施工单位、监理单位全部检查。

检验方法:检查施工记录并观察检查。

7.11.2.2 坡顶、坡底和侧翼的处理应满足设计要求。

检验数量:施工单位、监理单位全部检查。

检验方法:检查施工记录并观察检查。

7.11.2.3 预制块体安装后,不得有严重掉角、断裂。

检验数量:施工单位、监理单位全部检查。

检验方法:观察检查。

7.11.2.4 预制块面层应整洁,格缝应清晰,预制块间缝宽应满足设计要求。

检验数量:施工单位、监理单位全部检查。

检验方法:观察检查。

7.11.2.5 预制块水下铺设时,应表面平整,铺设搭接宽度应满足设计要求。

检验数量:施工单位、监理单位全部检查。

检验方法:观察检查。

7.11.2.6 单位面积内预制块的数量必须符合设计要求。

检验数量:施工单位、监理单位全部检查。

检验方法:观察检查并抽查检查。

7.11.2.7 预制块体护面的允许偏差、检验数量和方法应符合表10的规定。

表10 预制块体护面允许偏差、检验数量和方法

序号	项目	允许偏差	检验数量	单元测点	检验方法
1	顶部、底部高程(mm)	±50	每20m一处	1	用水准仪测量
2	表面平整度(mm)	50		2	用2m靠尺和塞尺测量
3	坡度(%)	±5		1	用经纬仪或全站仪测量
4	块体间缝宽(mm)	0,+10		1	用钢尺测量
5	顶部、底部平台宽度(mm)	±100		1	用钢尺测量
6	铺设搭接宽度(mm)	0,+200		1	用GPS或经纬仪等测量沉放轨迹线

7.12 生态混凝土格梗式护面

7.12.1 主要检验项目

7.12.1.1 混凝土所用原材料的质量必须符合JTS 202《水运工程混凝土施工规范》和国家现行有关标准的规定。

检验数量:施工单位按材料种类及进场批次抽样检验,监理单位见证抽样并按规定平行检验。

检验方法:检查产品质量证明文件和复验报告。

7.12.1.2 混凝土的配合比设计应满足设计要求。

检验数量:施工单位、监理单位全部检查。

检验方法:检查配合比设计报告。

7.12.1.3 生态混凝土的孔隙率应满足设计要求。

检验数量:施工单位、监理单位按检验批抽样检查。

检验方法:检查试验报告。

7.12.2 一般检验项目

7.12.2.1 格梗施工缝的留置位置和施工缝处理应满足设计要求,并应符合 JTS 202《水运工程混凝土施工规范》的有关规定。

检验数量:施工单位、监理单位全部检查。

检验方法:观察检查。

7.12.2.2 生态混凝土的养护应符合 JTS 202《水运工程混凝土施工规范》的有关规定。

检验数量:施工单位、监理单位全部检查。

检验方法:检查施工记录并观察检查。

7.12.2.3 生态混凝土护面的播草及撒土应满足设计要求。

检验数量:施工单位、监理单位全部检查。

检验方法:检查施工记录并观察检查。

7.12.2.4 生态混凝土护面的允许偏差、检验数量和方法应符合表 11 的规定。

表 11 生态混凝土护面允许偏差、检验数量和方法

序号	项 目	允许偏差	检验数量	单元测点	检验方法
1	护面坡顶高程(mm)	±10	每 20m 一处	1	用水准仪测量
2	平整度(mm)	40		2	用 2m 靠尺和直尺测量
3	坡度(%)	±5		1	用经纬仪或全站仪测量
4	厚度(mm)	$-H/20$, $+H/10$		2	用钢尺测量, 必要时取芯测量
5	伸缩缝缝宽(mm)	±10		2	用钢尺测量
注:H 为面层设计厚度,单位为 mm。					

7.13 植物护面、植物加抛石护面

7.13.1 主要检验项目

7.13.1.1 石料的品种、规格和质量应满足设计要求。

检验数量:施工单位按进场批次抽样检验,监理单位见证取样并按规定抽样平行检验。

检验方法:检查检验记录并观察检查。

7.13.1.2 植物品种和规格、树形及草种的选择、配比、播种量及修剪质量等应满足设计要求,植物挖掘、包装应符合 CJ/T 24《城市绿化和园林绿地用植物材料 木本苗》的规定。外地调入的植物与种子应有植物检疫报告,所使用的绿化辅助材料均应有产品合格证。

检验数量:施工单位按进场批次抽样检验,监理单位见证取样。

检验方法:检验报告或现场试验报告,抽样频率每批次不少于 1 次。

7.13.1.3 植物成活率不得低于 95%。

检验数量:施工单位、监理单位全部检查。

检验方法:观察检查。

7.13.2 一般检验项目

7.13.2.1 植物应根据不同种类习性进行种植。针对不同植物适合水深的要求,水生植物种植区域泥面高程应满足设计要求,种植时根部应牢固埋入泥中,防止浮起。

检验数量:施工单位、监理单位全部检查。

检验方法:检查施工记录并观察检查。

7.13.2.2 植物种植方法、行距、株距、播种密度、覆盖率等应满足设计要求。

检验数量:施工单位、监理单位全部检查。

检验方法:检查施工记录并观察检查。

7.13.2.3 种植穴规格应符合 CJJ 82《园林绿化工程施工及验收规范》的规定。

检验数量:施工单位、监理单位全部检查。

检验方法:检查施工记录并观察检查。

7.13.2.4 抛石厚度、范围应满足设计要求。

检验数量:施工单位、监理单位全部检查。

检验方法:检查测量资料并观察检查。

7.13.2.5 边坡坡比应满足设计要求。

检验数量:施工单位、监理单位全部检查。

检验方法:检查断面测量记录并观察检查。

7.13.2.6 水生植物护面、水生植物加抛石护面的允许偏差、检验数量和方法应符合表 12 的规定。

表 12 水生植物护面、水生植物加抛石护面允许偏差、检验数量和方法

序号	项目	允许偏差	检验数量	单元测点	检验方法
1	平台高程(mm)	-100, +300	每 20m 一个断面	1	用水准仪等测量
2	植物区泥面高程(mm)	-50, +100	逐段检查	2	用水准仪等测量
3	护脚边坡(%)	-10, +15	每 20m 一个断面	1	用经纬仪和测探仪等测量
4	平台宽(mm)	±100		1	用钢尺测量
5	植物间距(%)	±5	逐段检查	3	用钢尺测量